Learn from MY DOG
나의 하얗고 작은 강아지 래미에게 배운 것들

솔직하다는 것은 돌려 말할 줄 모르고
꾸밈없이 순수하다는 말일 거야. 너는 정말로
한없이 감정에 솔직하지. 기쁠 때는 빙글빙글
돌고 뛰어다니며 환하게 웃고, 싫으면 고개를
돌리거나 낮은 소리로 으르렁거리며
거절하기도 해. 이건 좋고 저건 싫다며 너의
상태를 항상 적절하고 확실하게 표현하지.
솔직함은 오해의 소지를 없애고 서로의 감정을
그대로 인정하게 돼. 너는 언제나 온몸으로
넘치도록, 너의 마음을 표현하고 있어.

아침저녁의 두 끼 식사, 산책을 다녀와 간단히
씻는 일, 자기 전 간식타임은 어쩌면 어제와
크게 다르지 않을지도 몰라. 하지만 너는 작은
것에도 크게 기뻐하고, 사소하게 느껴지는
일일지라도 매우 열중하곤 해. 현재 지나가고
있는 이 순간이 유일하다는 걸, 넌 이미 알고
있는 거야. 밥도 간식도 와작와작 남김없이
맛있게 먹고, 산책하러 가서도 세상 진지하게
이곳저곳 킁킁 냄새 맡으며 그 자리에 마킹도
열심히 하지. 그리고 늘 잊지 않고 매 순간 그
기쁨을 표현하는 건, 일상의 모든 것에
감사하고 있다는 뜻일 거야.

언제나 후회 따위는 손톱만큼도 남지 않을
정도로, 너는 원하는 것을 위해 자신이 할 수
있는 최선을 다하곤 해. 간식을 먹고 싶어서
동그란 눈을 하고 온몸으로 노력하는 강아지는
너뿐만이 아닐 거야. 기본적인 명령어 수행은
물론이고, 내가 말하기도 전에 어서 달라며
네가 먼저 손을 건네주기도 해. 점프하며 있는
힘껏 자신을 어필하기도 하지. 때로는 나의
말을 알아듣지 못하더라도, 이건가? 저건가?
하며 앉았다 일어났다 네가 할 줄 아는 것은
전부 다 해 보곤 해. 그 열정으로 반짝반짝
투명하게 빛나는 눈은 모든 것을 이뤄낼 것만
같아.

사람과 강아지는 다른 존재이고, 언어와
표현방식이 서로 다른 것은 너도 잘 알고 있지.
그럼에도 사람의 말에 귀를 기울이고 언제
어떤 행동을 하는지 늘 관찰하고 있어. 같이
한집에서 살아가는 데에는 서로의 생활에 대한
이해가 필요하니까. 그래서 네가 우리와
의사소통하기 위해 언제나 노력하고 있다는 걸
알아. 너는 늘 눈을 마주치며 나의 말을
경청하곤 해. 비록 나의 말을 다 알아듣지
못하더라도 갸웃거리며 내가 어떤 말을 하고
있는지 집중해서 듣는 너의 모습은 정말이지
사랑스러워.

listen to your voice

강아지들은 규칙적인 생활에서 안정감을
얻는다고 하던데, 그건 어쩌면 자연의 섭리를
따르고 몸과 마음이 건강한 생활을 본능적으로
알고 있는 게 아닐까? 아침이 되면 일어나고
밤이 되면 잠이 드는 것은 당연한 이야기
같지만, 사람들은 어떤지 생각해 보면
그렇지만도 않아. 밤이 깊어도 불을 켜둔 채
잠들지 못하고, 늘 시간에 쫓기는 생활에, 잠깐
짬을 내서 불규칙한 식사를 하곤 하지. 물론
인간의 사정이라는 것이 있어 사람들은
강아지와는 다른 삶을 살고 있지만, 밤이 되면
언제나 같은 시간에 눈이 스르륵 감기는 너를
보면 정말이지 신기하기도 해. 그리고 아침이
되면 너는 늘 반갑게 인사하지.

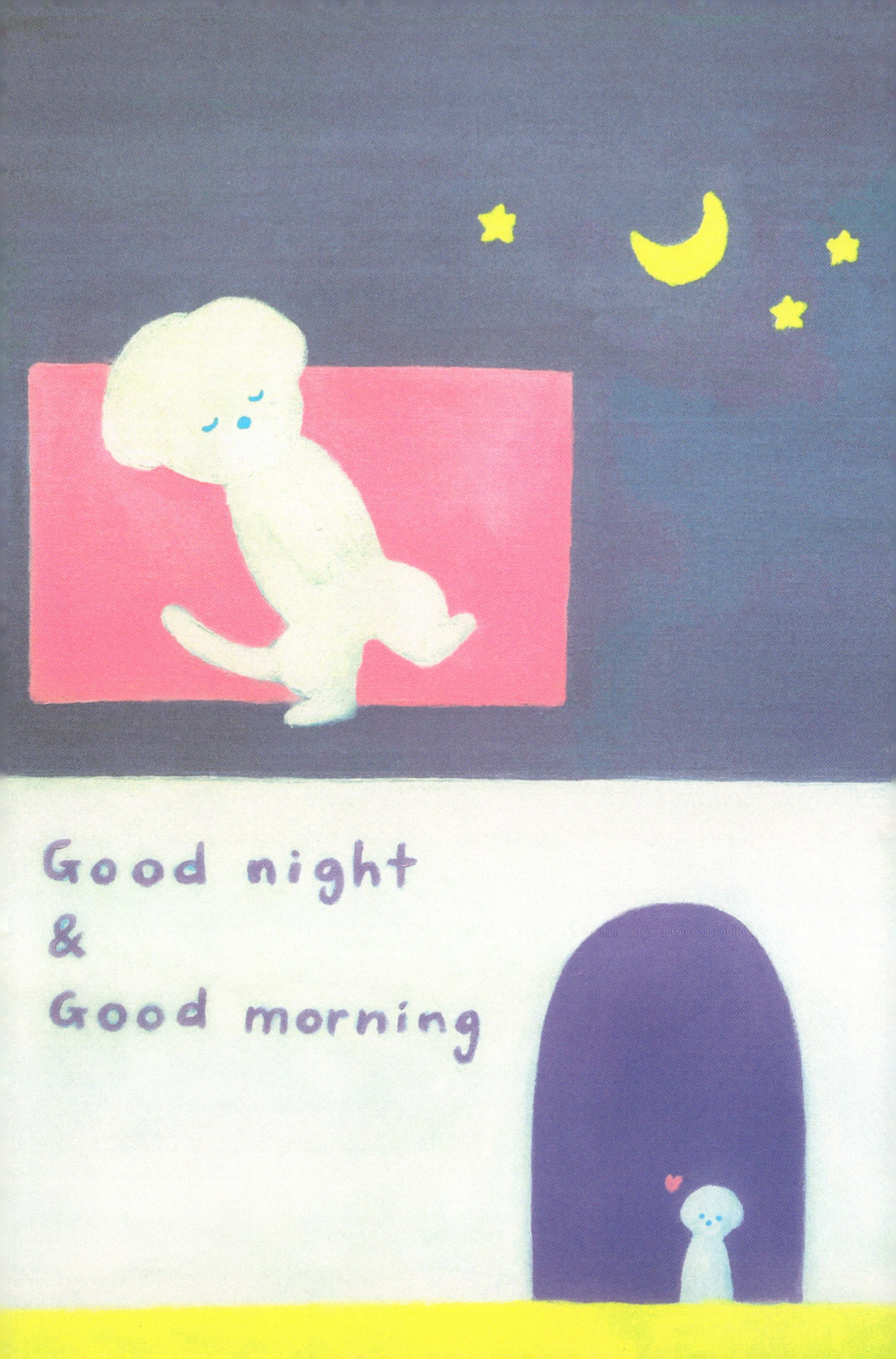
Good night
&
Good morning

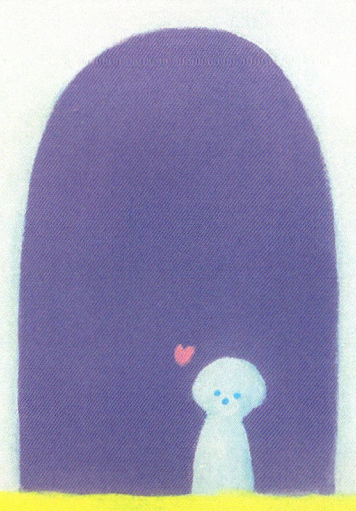

산책을 나왔다면, 그저 그 순간에 온전히
집중하는 거야. 눈 앞에 펼쳐진 풍경 속에
스스로 걸어 들어가 땅의 촉감을 느끼며 한껏
킁킁 냄새를 맡는 그 시간에는 과거도 미래도
없어. 가슴속에 묻어둔 일도, 아직은 알 수 없는
일도 걱정하지 않아. 그때 그렇게 했어야
했다던지 하는 이미 돌이킬 수 없이 끝나버린
일은 이제와서 후회하며 곱씹을 필요도 없고,
아직 일어나지도 않은 일에 대해 이런저런
생각을 하는 건 지금 이 순간에 집중하는 데에
필요하지 않아. 너는 앞을 보며 다시 걷기
시작해. 그저 지금 할 수 있는 일을 할 뿐이야.

This is the moment.

너는 너의 작은 몸뚱이가 살아가는 데에
필요한 만큼만 욕심내면 그걸로 충분한 듯 해.
목을 축일 물과 하루 두 그릇의 식사, 중간에 몇
번의 간식타임, 몸을 누일 폭신한 너의 자리,
그리고 사랑하는 가족만 곁에 있다면 삶에
만족해하고 있어. 물질적인 것들은 있으면
조금 더 좋거나, 어쩌면 오히려 불필요할지도
몰라. 너는 나에게 무리한 것을 요구해 오지도
않고 그 누구와 자신을 비교하지도 않지. 다른
친구가 더 예쁜 옷을 입었다고 해서 주눅
들거나 나를 원망하지도 않아. 그저 자기 모습
그대로를 사랑하고 있어. 다른 누군가를
탓하지도 않고 모든 것에 대해 있는 그대로를
받아들이는 모습. 너는 지금의 너 자체로
당당해서 빛이 나.

너에게 사랑을 주며 예뻐해 주고, 어떤 것은 내가 너에게 맞춰주기 위해 노력하기도 한다는 걸, 조금 시간이 걸리더라도 알아주어 고마워. 서로에게 맞추어 가며 애정을 주기 시작하니 너는 나에게도 곁을 내어주고, 네가 좋아하지 않는 일을 하더라도 어느 정도 이해하며 참을 줄도 알게 되었어. 나는 너에게 대단한 걸 해 주지도 않았는데, 가족이 된 것만으로도 조건 없이 너는 "나"라는 존재를 받아들이고 좋아해 주게 되었지. 아니, 매우 사랑해 주고 있다는 걸 느껴. 이제는 알 수 있어. 우리 강아지가 나를 믿고 사랑해 준다는 것을. 시선이 마주치면 조용히, 오로지 눈빛만으로 말을 걸어오는 너. 엄마 사랑해요, 라고. 그래, 나도 널 아주 많이 사랑하고 있어.

I LOVE YOU!

이 이야기를 들으면 너는
뭘 그렇게 거창하게 생각해?
그저 하루하루, 지금을 살아가는 거지.
하고 말하지 않을까.

어쩌면 사람만이 강아지를 보며 멋대로
이런저런 의미부여 하고 있는지도 모르지.

하지만 너를 통해 다시 느끼는 세상은
나를 조금 더 나은 사람이 될 수 있게 해.
너로 인해서 나는 많은 것을 생각하게 되었고
지금도 삶에 대해 배워 나가고 있어.

우리는 감정과 온기를 나누고
함께 성장해 가면서
이제는
세상에 단 하나밖에 없는
아주아주 특별한 가족이 되었지.

나에게 와줘서 정말 고마워.

예쁘고 사랑스러운 우리 강아지
앞으로도 잘 부탁해

♥♥♥

Learn from MY DOG : 너에게 배운 것들
©KMNJ 2022

ISBN 979-11-978128-0-4 03810
지은이 김민지(KMNJ)
발행일 2022년 5월 10일

발행처 리틀플러피뮤즈
발행인 김민지
출판등록 제399-2022-6호

전자우편 bykmnj@gmail.com
웹사이트 littlefluffymuse.com
인스타그램 @littlefluffymuse

이 책은 저작권법에 따라 보호받는 저작물이므로
무단 전재와 복제를 금합니다.

little fluffy muse by KMNJ

" 작고 폭신한 이야기를 만들어 냅니다. "

작고 소중한 반려견에 의해 시작된
아트브랜드 & 독립출판사 리틀플러피뮤즈 는
작가 KMNJ 의 아트워크를 기반으로
아트굿즈와 도서를 만들고 있습니다.
반려동물, 그리고 더 나아가 모두와 함께하는 삶에 대하여
그림과 글로 이야기 합니다.

LOVE EARTH ♡
리틀플러피뮤즈 는 과도한 포장과 비닐 사용을 줄이고
비코팅지 및 친환경용지를 사용하고 있습니다.